Seis ositos y una colmena

por Jaime Daniels

ilustrado por Joe Kulka

Destreza clave Masculino y Femenino con -o, -a

Scott Foresman
is an imprint of

PEARSON

Hay una osa y seis ositos en la cueva.
—¡Vamos, mis cachorritos! —dice
la osa.

Seis ositos gorditos ven diez abejas
en una colmena.

Las abejas están en un árbol muy alto.

Seis ositos quieren tocar la colmena.

Los seis ositos miran las diez abejas
y una colmena.

Un osito agarra la colmena.
Cinco ositos se caen al suelo.

Los seis ositos corren a la cueva.

—Corran, mis cachorritos —dice la osa.